Ralf Nestmeyer

Gefühldes Franggn

Ralf Nestmeyer

Gefühldes Franggn

Fakten über die fränkische Mentalität in überwiegend witzigen Grafiken

emons:

Wer ist Gabriele Pauli?

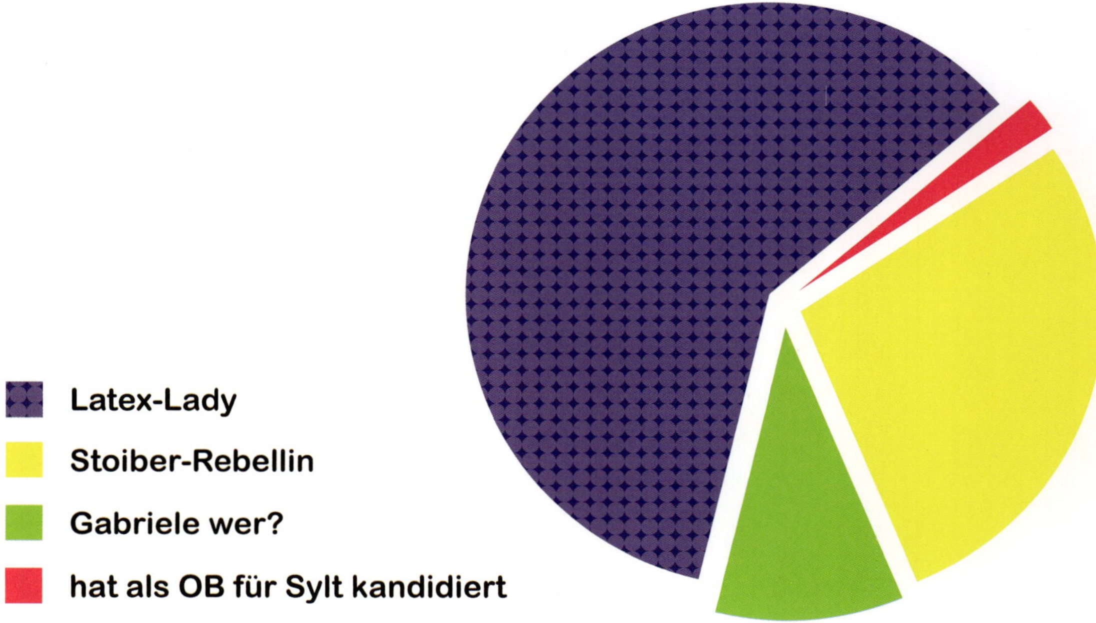

Bekanntester
fränkischer Hochstapler

Karl-Theodor zu Guttenberg

Fränkische Faschingsverkleidung

Blauer Zipfel

Saurer Zipfel

Bratwurst im Schlafrock

Bedeutendster Deutscher Fußballverein

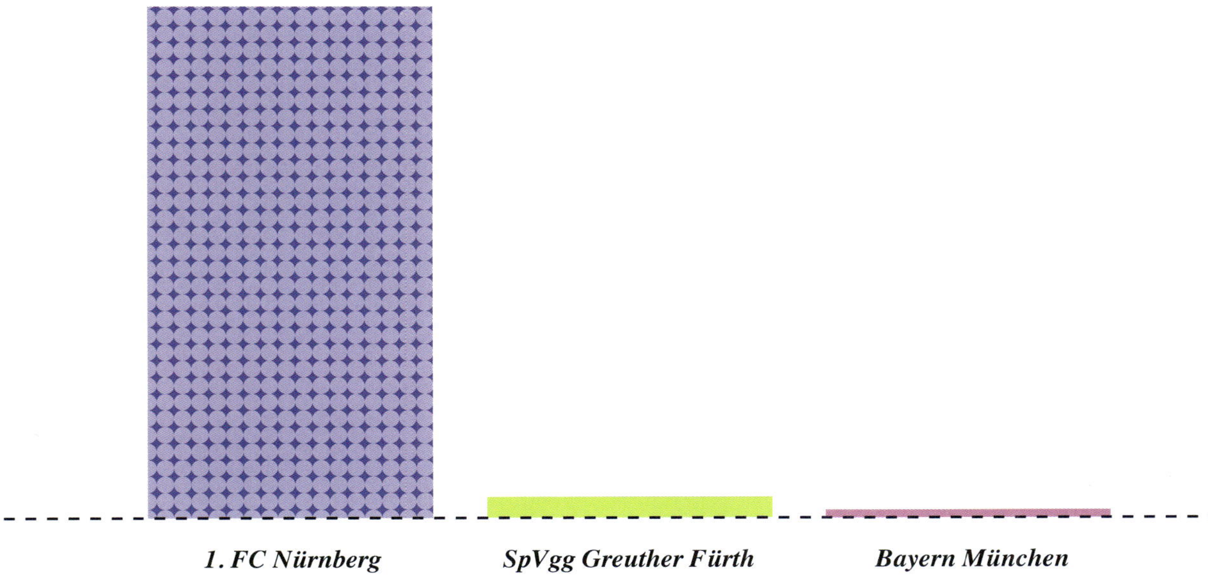

Fränkisches Nationalepos

Schweig, Bub!

Geografie mit
Helmut Haberkamm

»Frankn lichd nedd am Meer«

»Lichd ab vom Schuss«

Fränkische Einheiten

Einheit für Größenwahn:

1 München

Einheit für 15 Minuten Verspätung:

1 Beckstein

Fränkische Längenmaße

Bereits im Mittelalter gab es in Franken eigene Längenmaßeinheiten, so die Nürnberger Elle (66,10 cm) oder den Würzburger Fuß (29,18 cm). Ein paar spezifische fränkische Einheiten haben sich bis in die Gegenwart erhalten

Dürer-Locke	**32,7 cm**
Gottschalk-Nase	**17,4 cm**
Nowitzky-Schuh	**43,3 cm**
Guttenberg-Tolle	**2,5 cm**

Mit wie vielen fremden Gästen unterhält sich der durchschnittliche Franke pro Jahr am Kneipentresen?

Mit einem Kölner auf der Durchreise, der ihn trotz Nichtbeachtung angesprochen hat.

Worte pro Minute

Brauereidichte

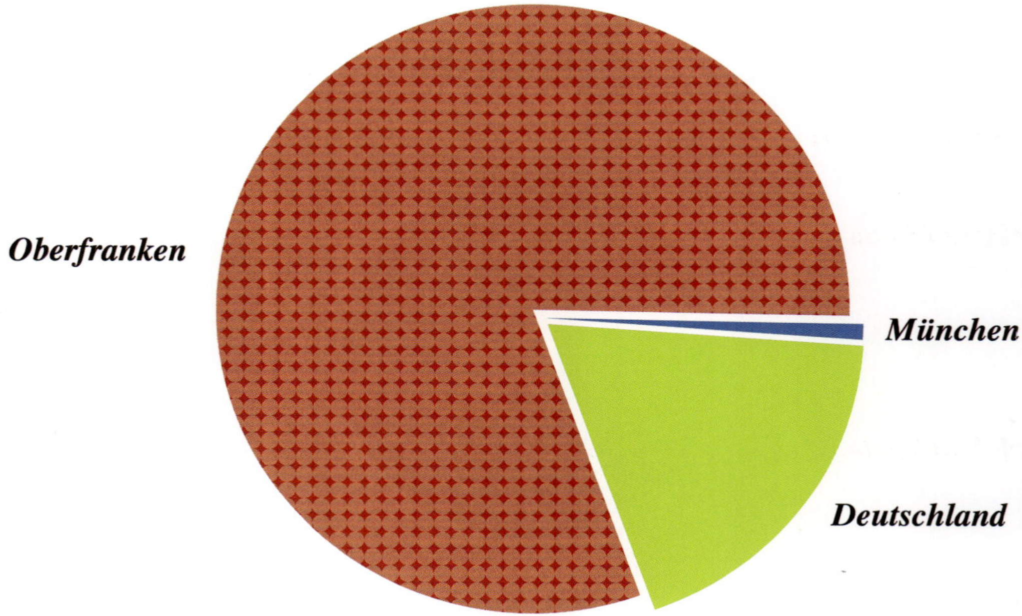

Wer ist Frankens Fußballgott?

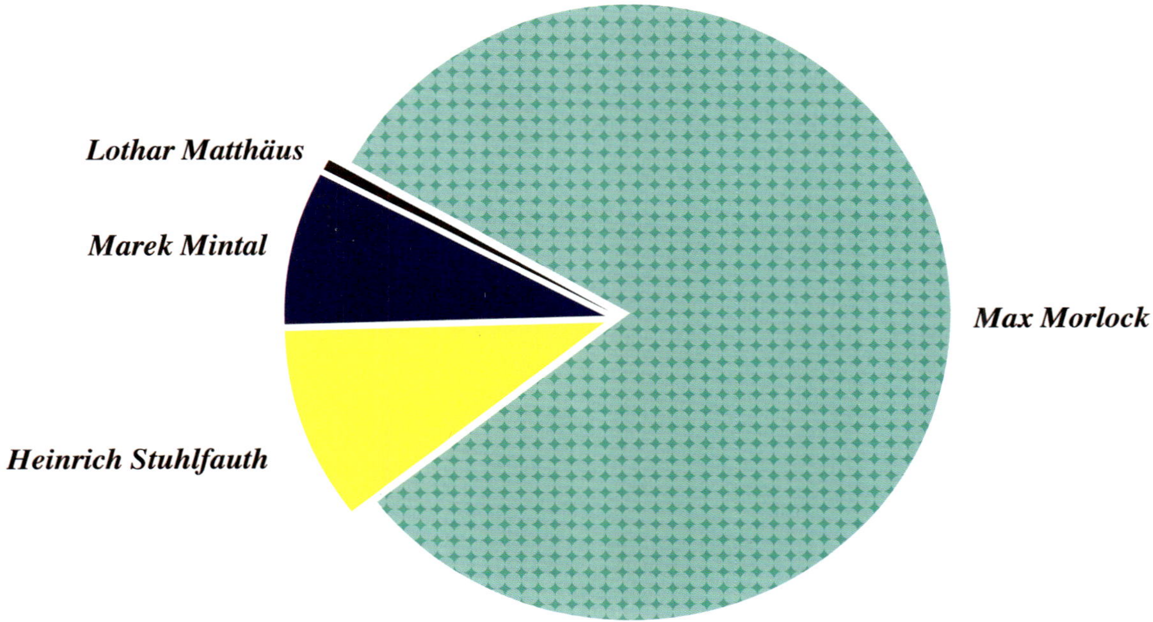

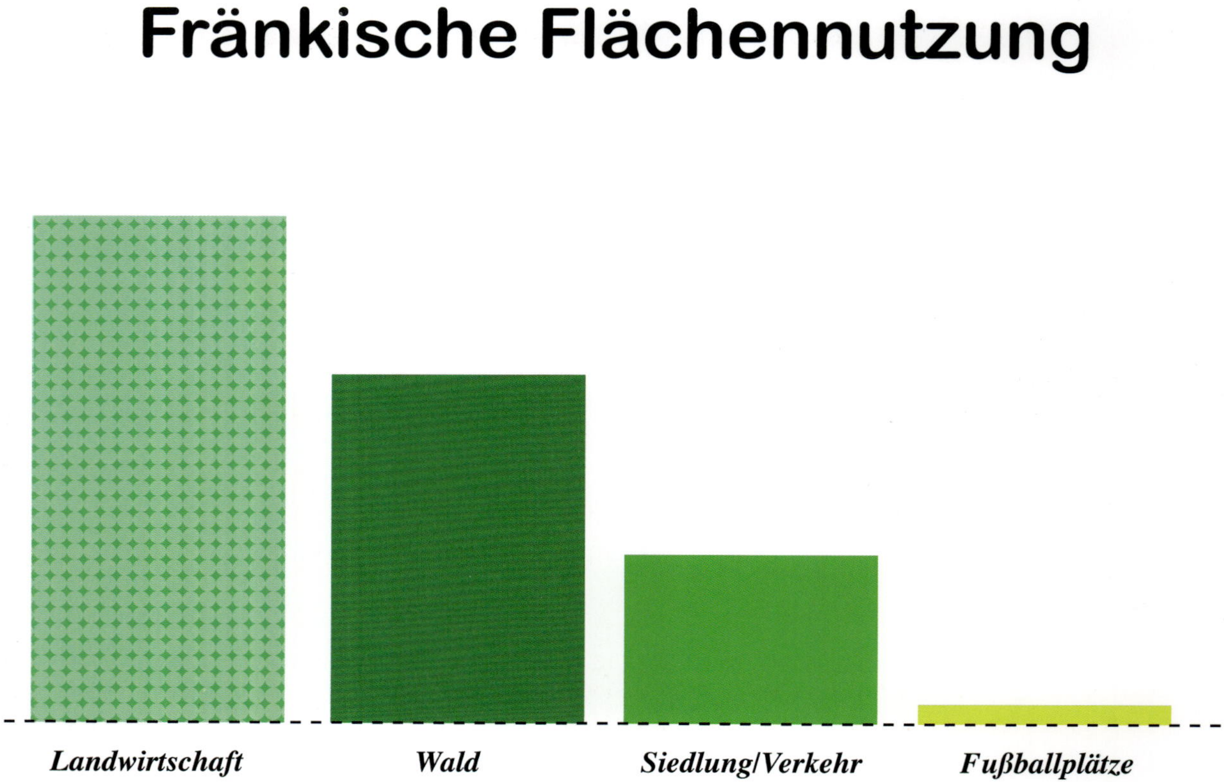

Fränkische Flächennutzung
Landwirtschaft
Wald
Siedlung/Verkehr
Fußballplätze

Größter Arbeitgeber Frankens

Öffentlicher Dienst	400.000
Siemens	37.000
Sparkassen	13.000
INA Scheffler	10.500
DATEV	6.800

Deutsche Faschingshochburgen

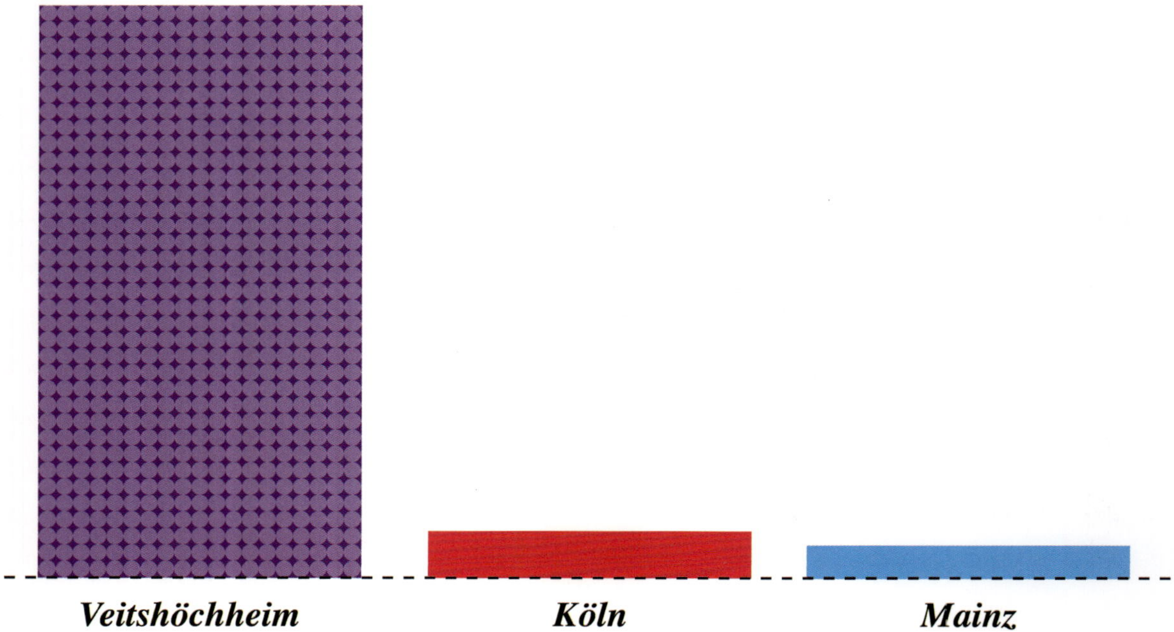

Weinbau in Franken

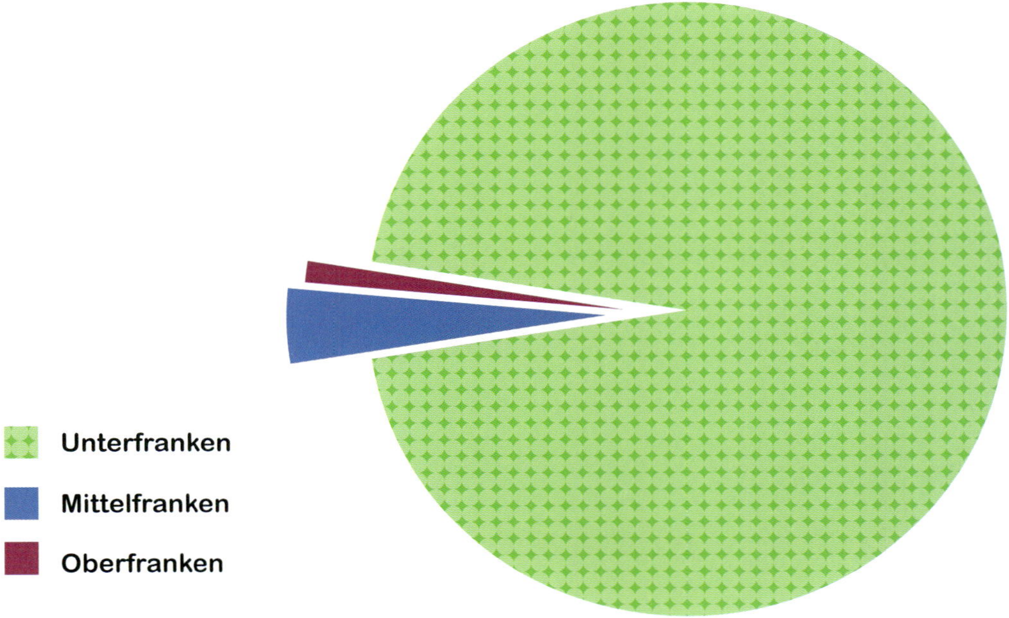

Funktion des Bayrischen Ministerpräsidenten aus fränkischer Sicht

Aufsichtsrat bei Bayern München

Festwirt am Oktoberfest

Anführer der Gebirgsschützen

München

Reale Entfernung zur Landeshauptstadt → **168 km**

Emotionale Entfernung zur Landeshauptstadt → **16.800 km**

Fränkische Drogenpolitik

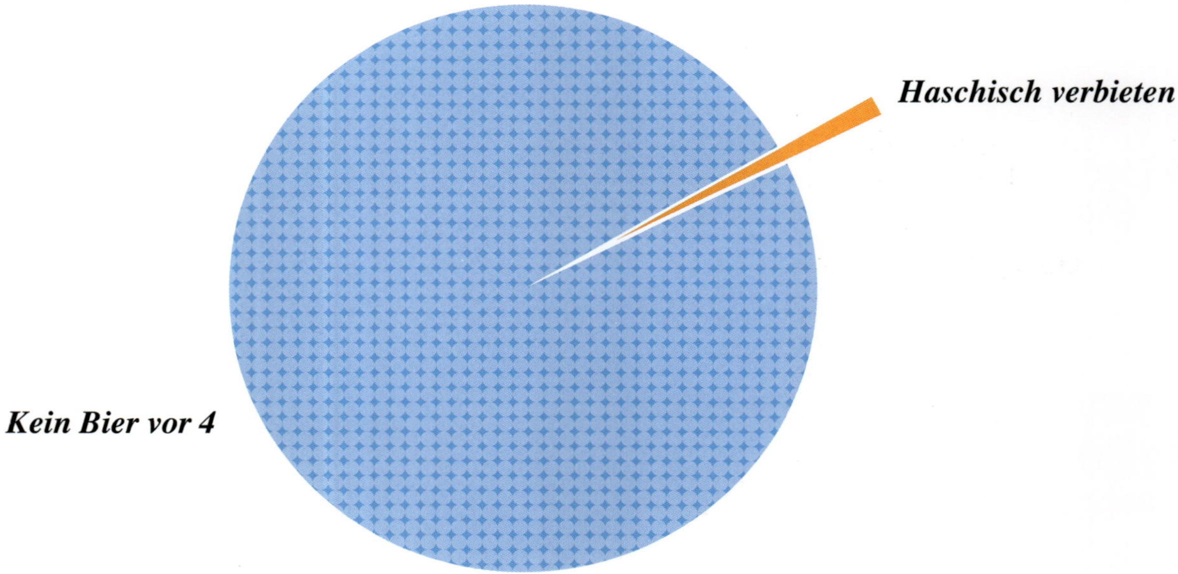

Jährliche Einnahmen der Steuerfahndung in Bayern

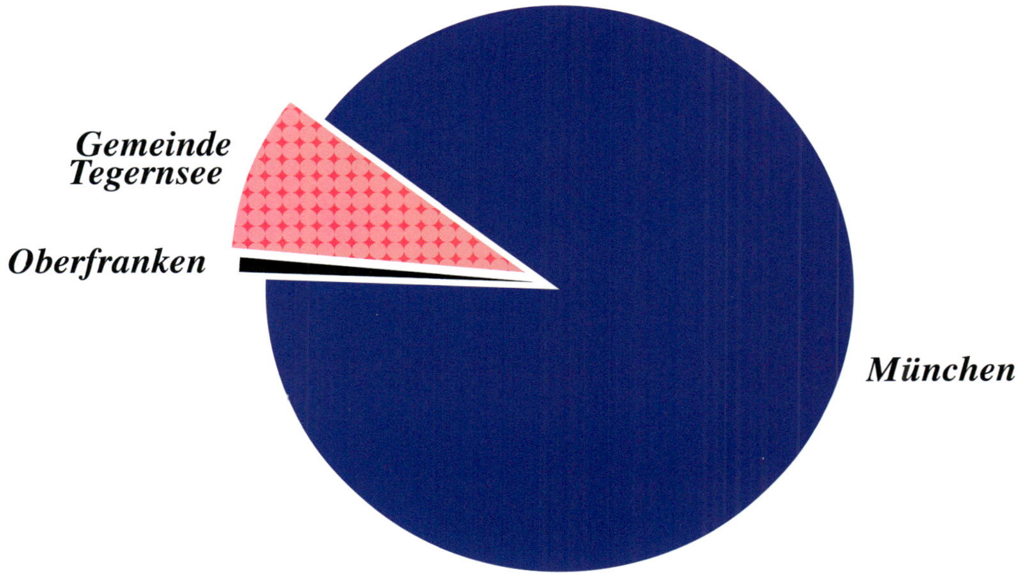

Fränkisches Alphabet

Allmächd
Babberdeggl
Bobbers
Druudscherla/ Dalcherd
Fei
Gell/Gniedla/Gschmari
Gwerch, Gnobbern
Käsbleedla
Lebberi
Mordsseier, mumfln
Naachala
Obacht
Pflunze
Seidla
Waggerlä
Wörschdlamo
Zweggerd

Kulinarisches Franken

Zwiebelblootz
Zwetschgebaames
Nürnberger Gwerch
Blaua Zipfl
Gewedelte
Eggsdraworschd

Fränkische Domains

www.franken-sind-keine-baiern.de

www.bayern-wolln-mer.net

www.franken-wiki.de

www.die-franken.eu

www.fraenkischer-bund.de

www.bundesland-franken.de

www.infranken.de

www.3-im-weggla.de

www.drei-franken-info.de

Fränkisches Vereinsleben

Verein zur Förderung der fränkischen Bratwurstkultur e.V.

Freunde des Fränkischen Schäufele e.V.

Sonderverein der Züchter Fränkischer Trommeltauben e.V.

Verein Fanfarenzug »Fränkische Herolde« e.V.

Karpfenland Aischgrund e.V.

Die Gesellschaft für Familienforschung in Franken e.V.

Fränkische Fortbewegungsmittel

Siddiroller (City-Roller)

Fohrrad (Fahrrad)

Strasserbo (Straßenbahn)

Fahrkünste oder die wahre Bedeutung fränkischer Nummernschilder

FÜ

Fahrer übt

FO

Fahrender Ochse

HAS

Hammel am Steuer

KG

Keine Gnade

MIL

Macht immer langsam

Bedeutende fränkische Politiker

Henry Kissinger

Ludwig Erhard

Käte Strobel

Gekrönte Häupter in Frankreich

- *Spargelkönigin*
- *Bierkönigin*
- *Karpfenkönigin*
- *Weinkönigin*
- *Bratwurstkönig*
- *Apfelkönigin*
- *Bleistiftkönig*
- *Vakanter Thron: Lebkuchenkönig*

Ungesagte fränkische Sätze

München ist schön.

Ich liebe Bayern.

FC Bayern München soll Deutscher Meister werden.

Der Frankenschnellweg soll nicht untertunnelt werden.

Zwei Weißwürste mit Senf.

Schlimme Beleidigung für einen Franken

Du Bayer!

Das 1. fränkische Gebot

Es gibt nur ann Glubb!

Elf fränkische Weisheiten

So is des fei wergli.
Eddzerdla dou di hald nedd ooh.
Woanders is a nedd anders.
Suu a Gschmarri!
Im Zweifel mussd di fürs Richdiche endscheidn.
Des gehd echd nedd.
Des schaff mer heid nimmer.
Wos mer ham, des hammer.
Des waaß i edzed nedd.
Nedd gschimpd is globbd gnuch.
Wenn's läffd, dann läffd's hald.

Heimattreue

Obwohl Nürnberg die 14. größte Stadt Deutschlands ist, liegt sie bei den Zuzügen nach Berlin nur auf Platz 57, hinter Karlsruhe, aber vor dem vietnamesischen Hanoi.

Von Franken nach Berlin pro Jahr:

3.622 Nürnberger

1458 Erlanger

603 Fürther

222 Forchheimer

141 Schwabacher

Beliebteste Urlaubsziele der Franken

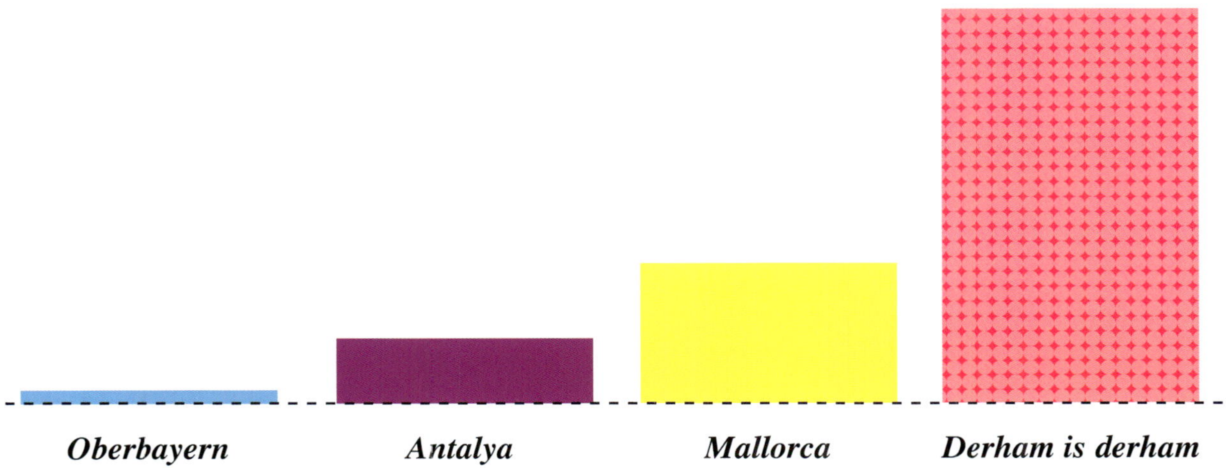

Franken im europäischen Vergleich

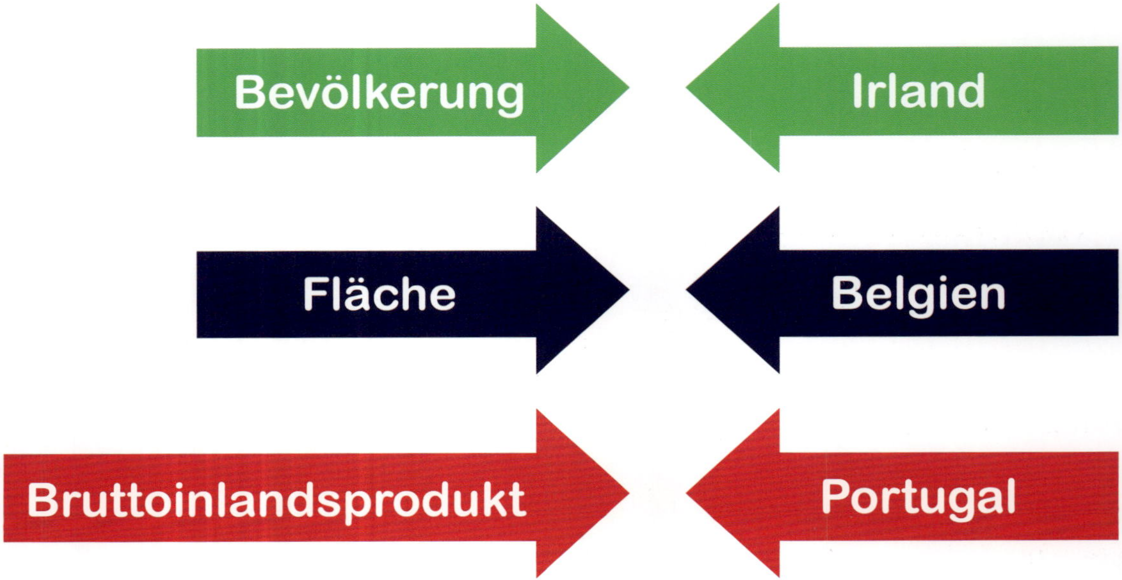

Um Autonomie strebende, politisch unterdrückte Regionen in Europa

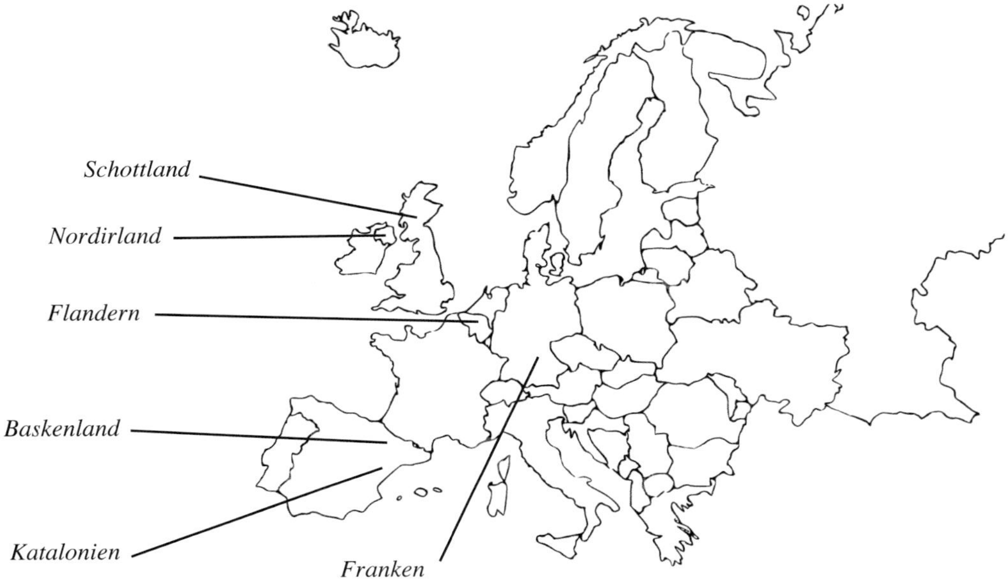

Teilnehmer am Tag der Franken
(2. Juni)

1000

Ignoranten des Frankentags

4.999.000

Fränkische Wallfahrtsströme in Richtung:

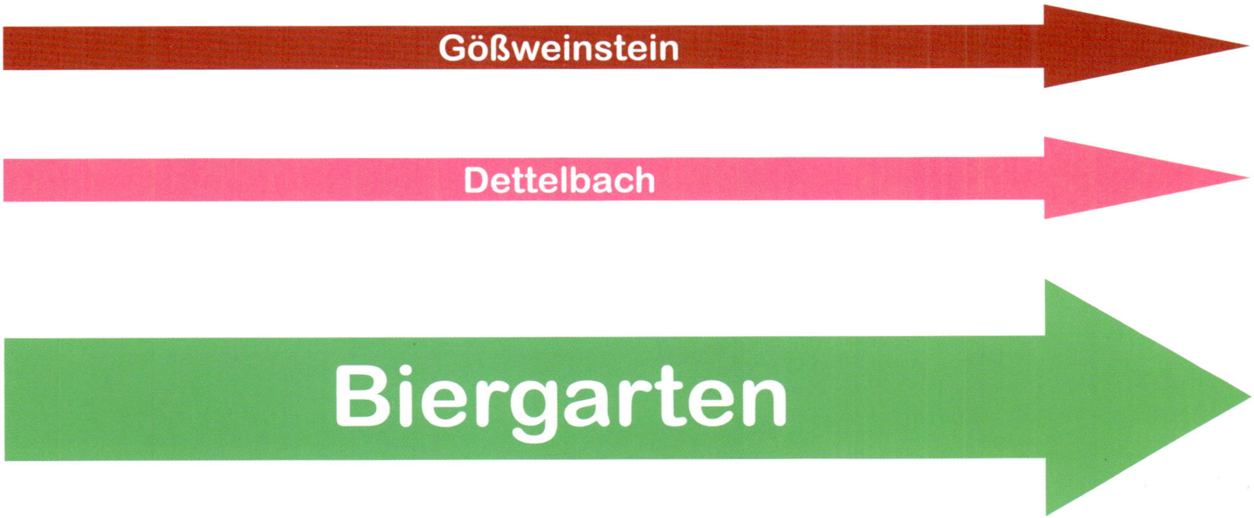

Migrationshintergrund

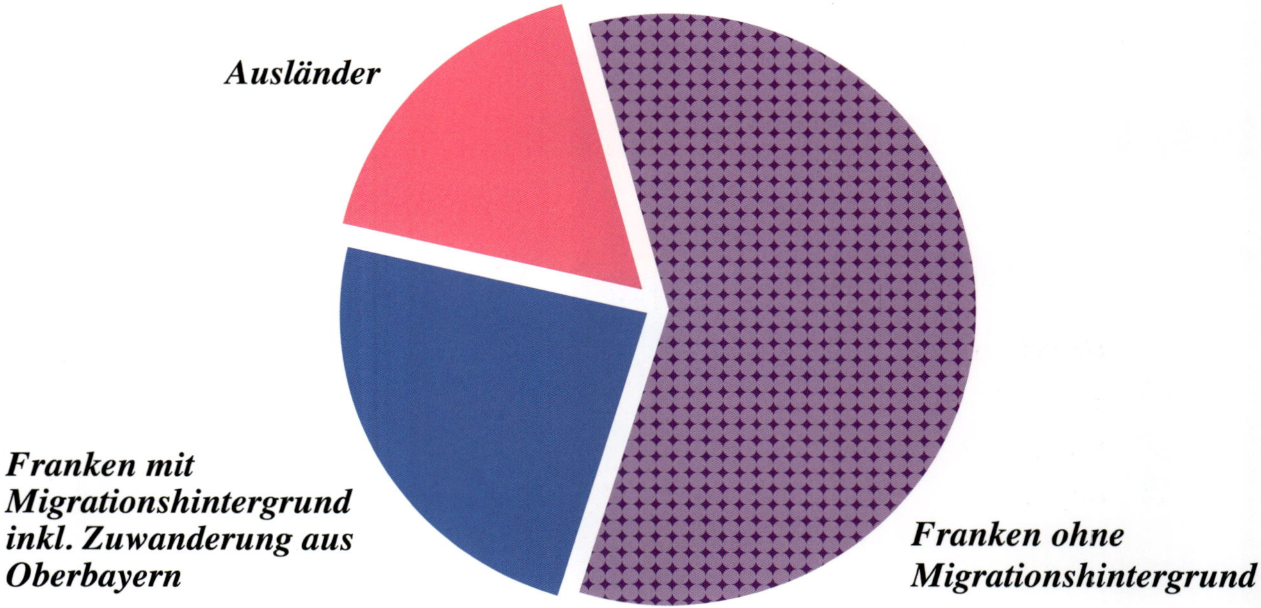

Fremdsprachen in Franken

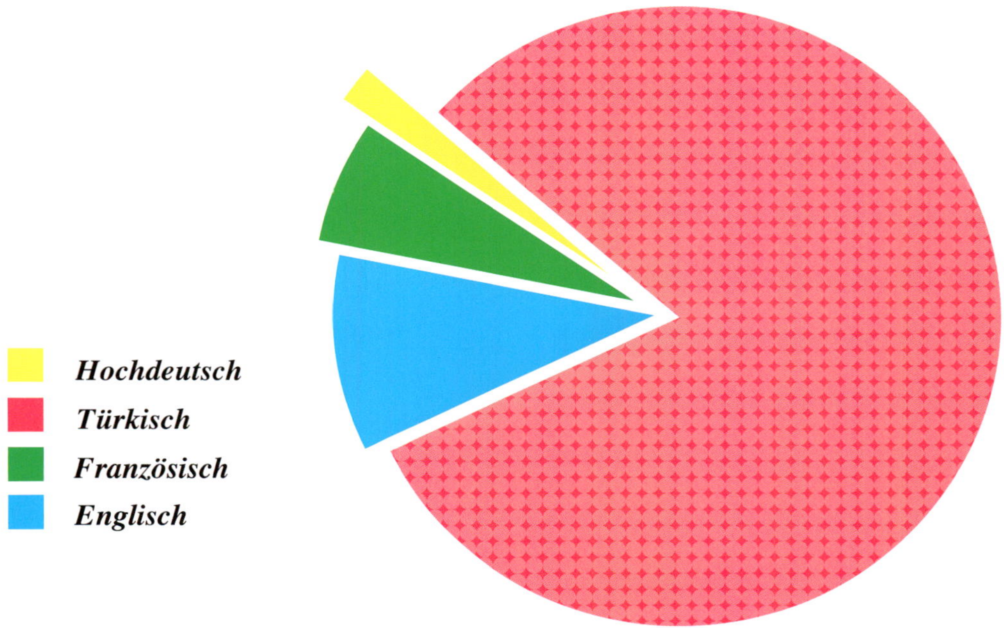

Besucher von Rothenburg ob der Tauber

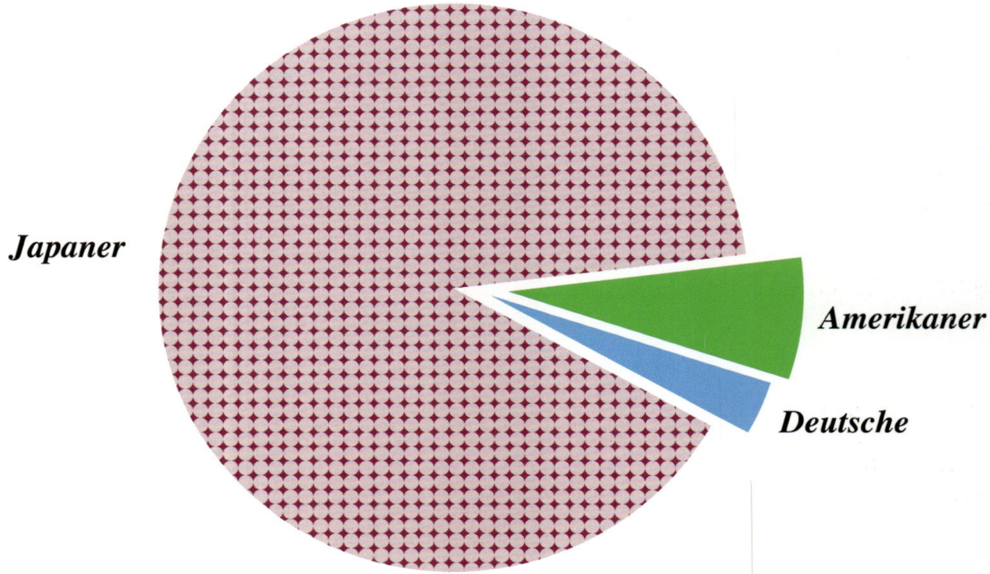

Festspielvergleich
Bayreuth versus Salzburg

Härtegrad der Stühle:

einschläfernd ➡ rückenschädigend

Länge, bis man Ticket bekommt:

fünf Jahre ➡ fünf Minuten

Aufführungsdauer:

endlos ➡ kurzweilig

Skandalfreude:

hoch ➡ niedrig

Wer hat den höchsten Hügel:

372 m über NN ➡ 454 m über NN

Schimpfendes Franken

Affgschdellder Mausdreeg

Rodzbuuh

Hoaderlumb

Dumme Sulln

Fränkische Lieblingstiere

Brellder Fruusch
Buddla
Gschdochns Kälbla
Hundsgrübbl
Raddz
Schneggla
Oggs von der Fleischbrüggn

Medienpräsenz fränkischer Politiker

Politik
Nürnberg versus Bayern

Bürgermeister in Nürnberg seit 1945	→	1 x CSU 7 x SPD
Bayerische Ministerpräsidenten seit 1945	→	9 x CSU 2 x SPD

Mythisch-bedeutungsvolle Berge

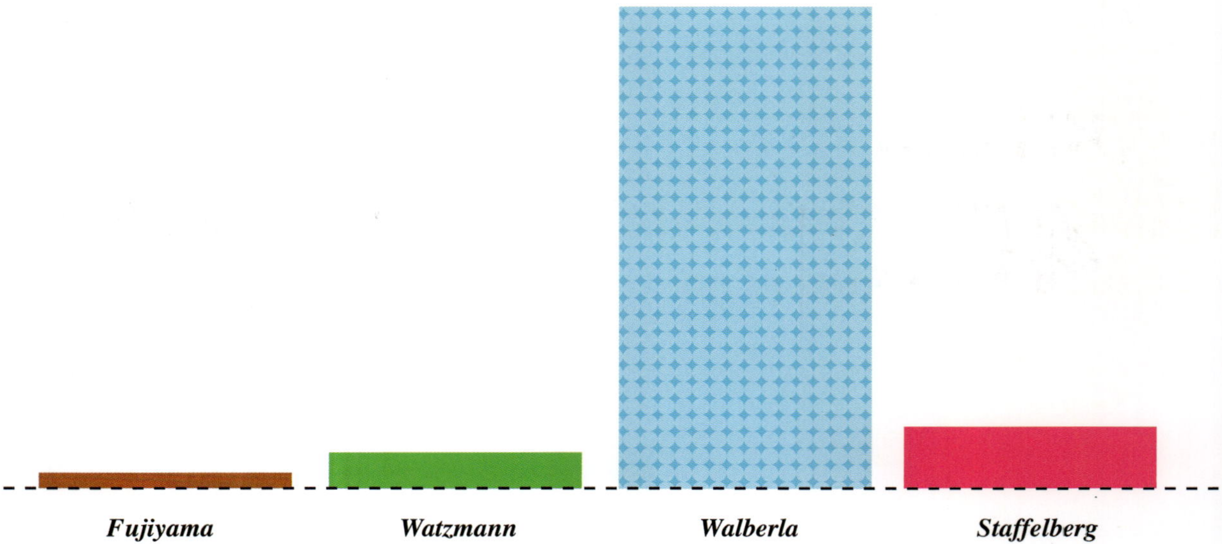

Fränkisches Klima

KITZINGEN
40,3°

Juli 2015

NÜRNBERG
-30,2°

Februar 1956

Deutsche Großstädte

mit einem großen Flughafen	MUC FFR
auf deren Flughafen man vom Direktor persönlich begrüßt wird	NUR

Jahreszeiten in Nürnberg

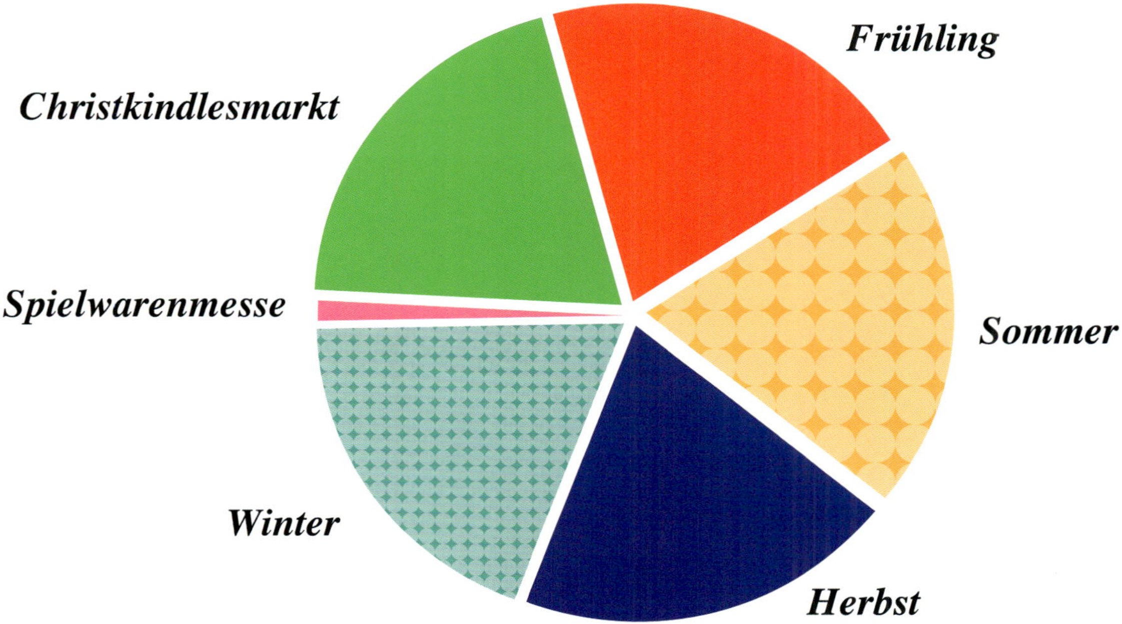

Bekannte
fränkische Christen

Anselm Grün
Wunibald

Bekannte fränkische Atheisten

Ludwig Feuerbach
Karlheinz Deschner

Mystisches Franken

Druidenhain bei Wohlmannsgesees
Walberla, Berg der Hexen
Staffelberg, Refugium der Hexen
Neubürg, germanischer Götterolymp

Keltisches Franken

Houbirg
Walberla
Staffelberg

Main-Donau-Kanal

Baukosten:	2,8 Milliarden Euro
Jährliche Betriebskosten:	15 Millionen Euro
Jährliche Einnahmen:	3 Millionen Euro

NSDAP in Franken

Erste deutsche Stadt, in deren Stadtrat die NSDAP die Mehrheit hatte: **Coburg, Juni 1929**

Erste deutsche Stadt, die Adolf Hitler zum Ehrenbürger machte: **Coburg, 26.2.1932**

Letzte deutsche Stadt, die eine Straße nach einem NSDAP-Mitglied benannt hatte: **Coburg, Mai 2015**

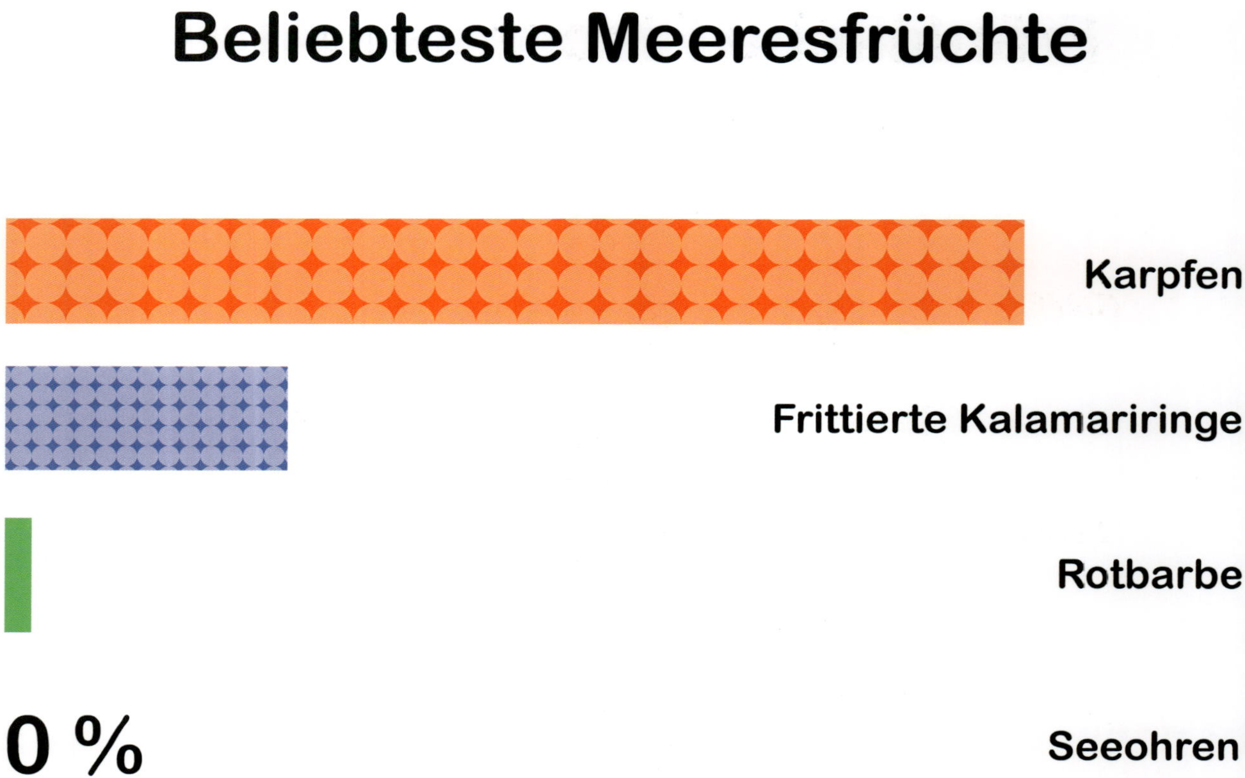
Beliebteste Meeresfrüchte
Karpfen
Frittierte Kalamariringe
Rotbarbe
0 %
Seeohren

Fränkische Fischfangquote

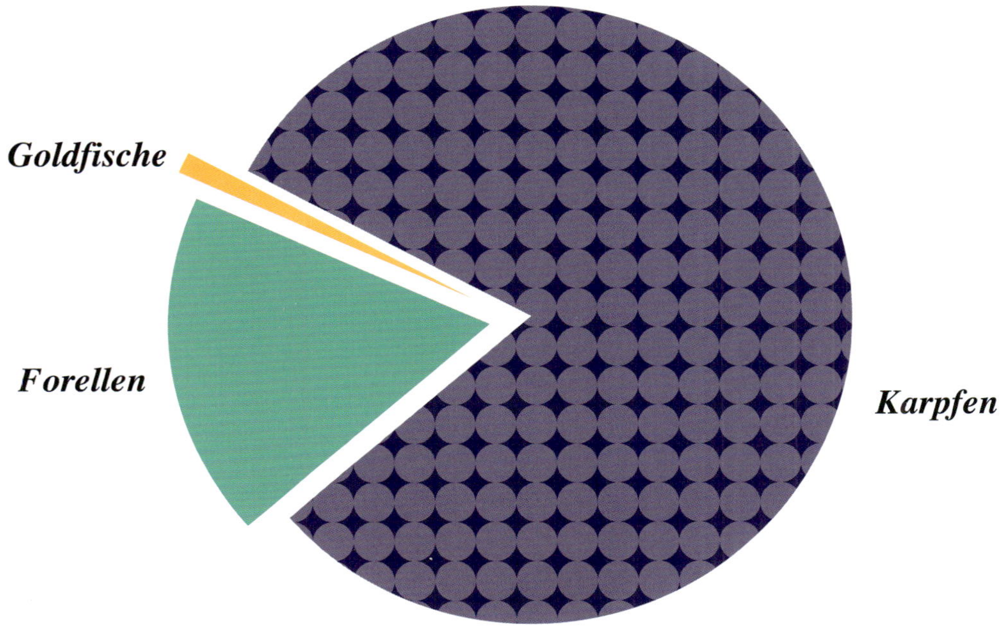

Fränkischer Neologismus

zersödern

Unbekannte fränkische Verben

verstoibern

bestreibln

abstraußen

entseehofern

Unbekannteste Fränkin

Sandra Bullock

Bekannteste Fränkin

Dagmar Wöhrl

Bratwurstküchen versus Thai-Restaurant in Nürnberg

1973	17:1
2016	7:27

Fränkische No-Go's

Bratwurst mit Ketchup

Schäufele ohne Soß'

rot-weiße Fußballschals

Bierleidenschaft

Meistgehasstes Bier → TUCHER

Meistgetrunkenes Bier → TUCHER

Himmlische Orte der Bierseligkeit

Meisterbräu Unterzaunsbach

Kulmbacher Bierfest

Kathi Bräu

Gefühlte Bezirkshauptstädte

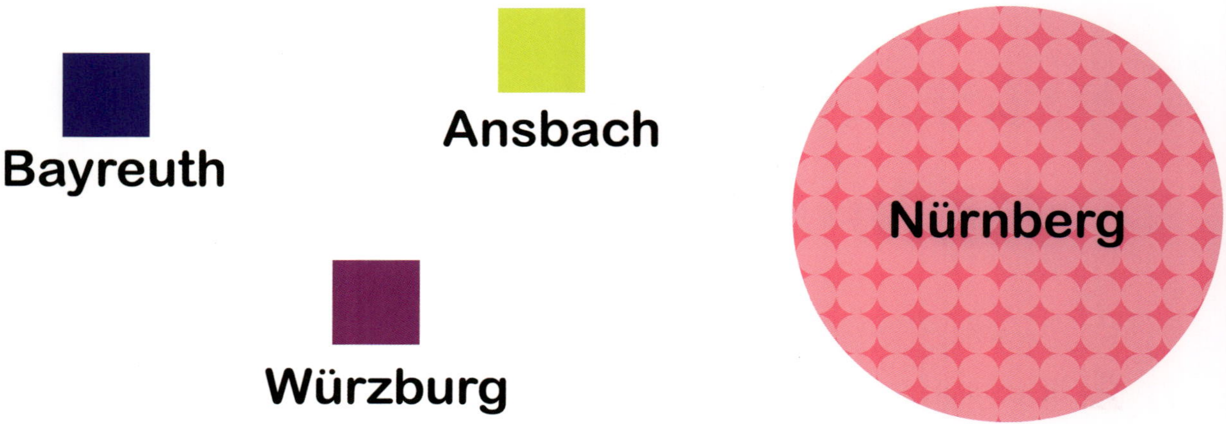

Fränkische Verbundenheit

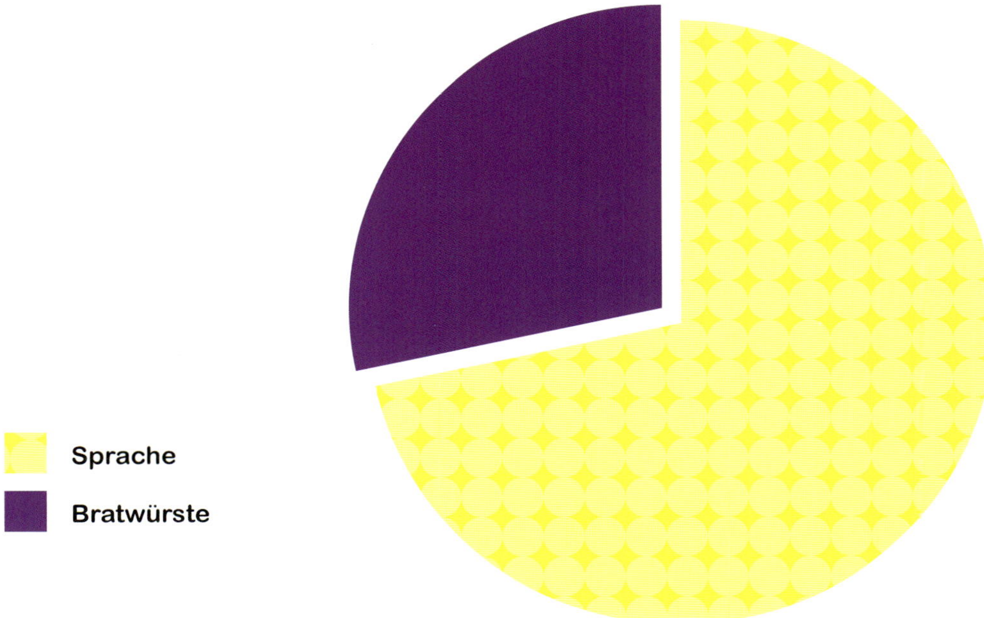

Radfranken

Mainradweg

Rhönradweg

Regnitzradweg

Aischtalradweg

Fahrraddichte

Architekt von Museumsneubauten in Franken seit 2000

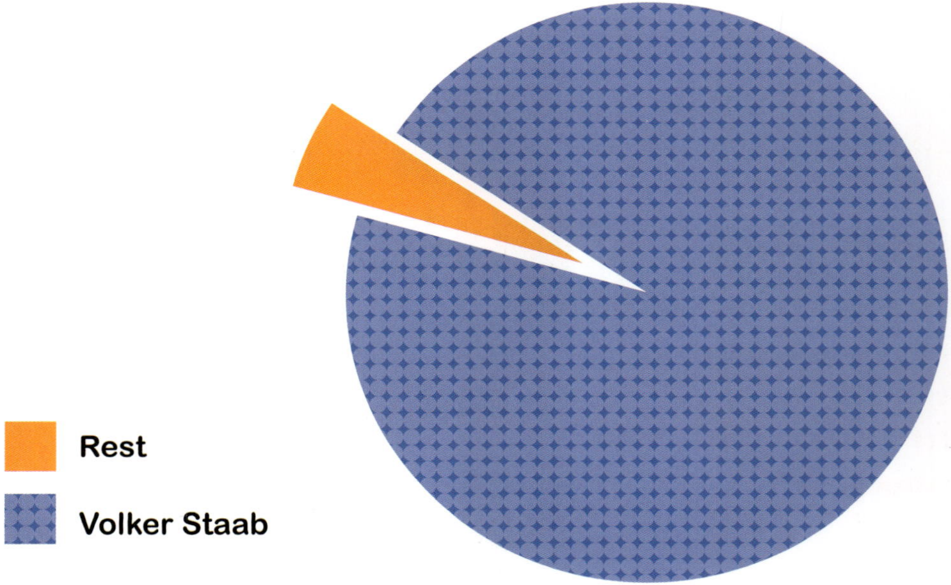

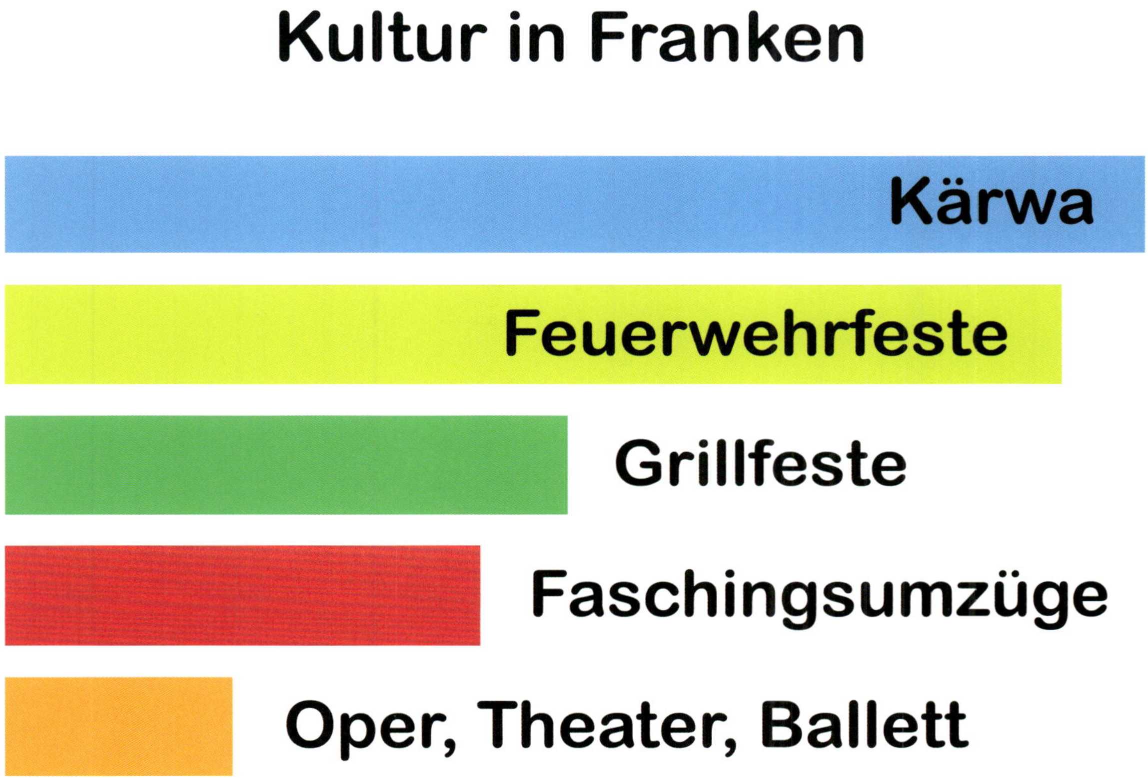
Kultur in Franken
Kärwa
Feuerwehrfeste
Grillfeste
Faschingsumzüge
Oper, Theater, Ballett

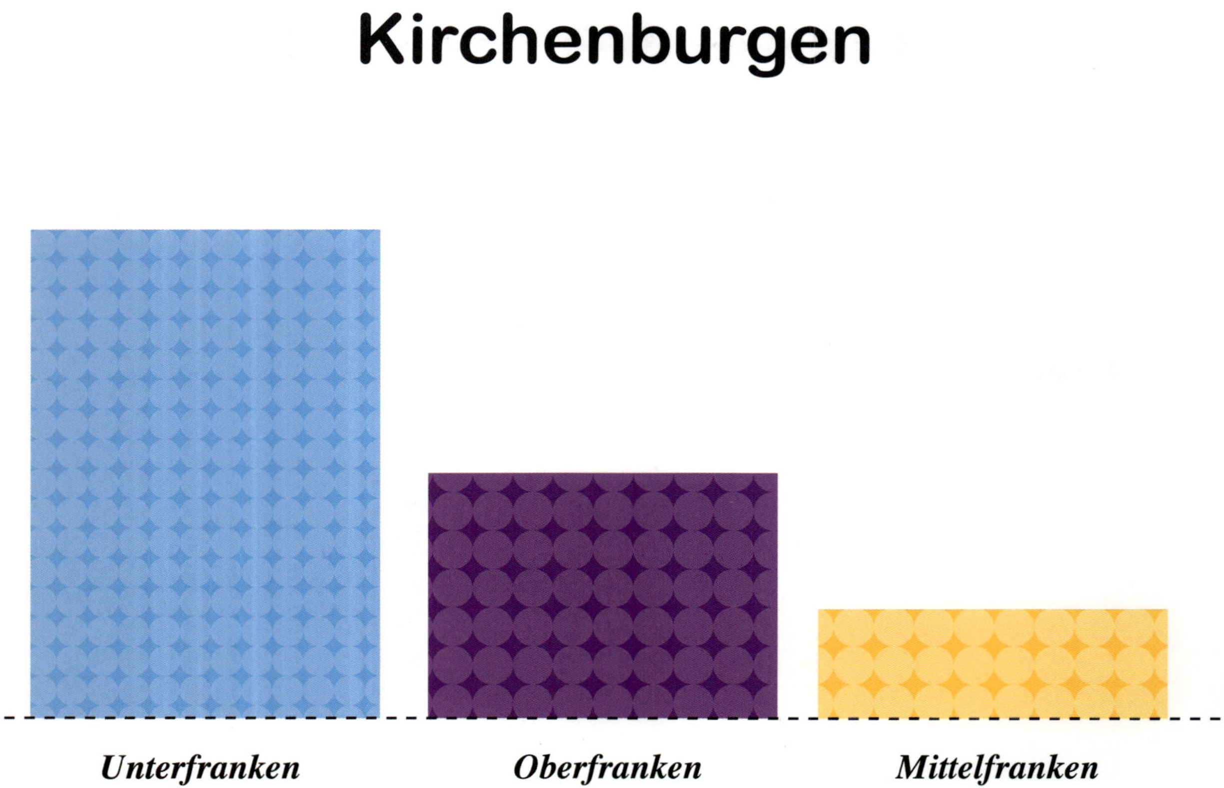
Kirchenburgen
Unterfranken
Oberfranken
Mittelfranken

Schöne Kleinstädte

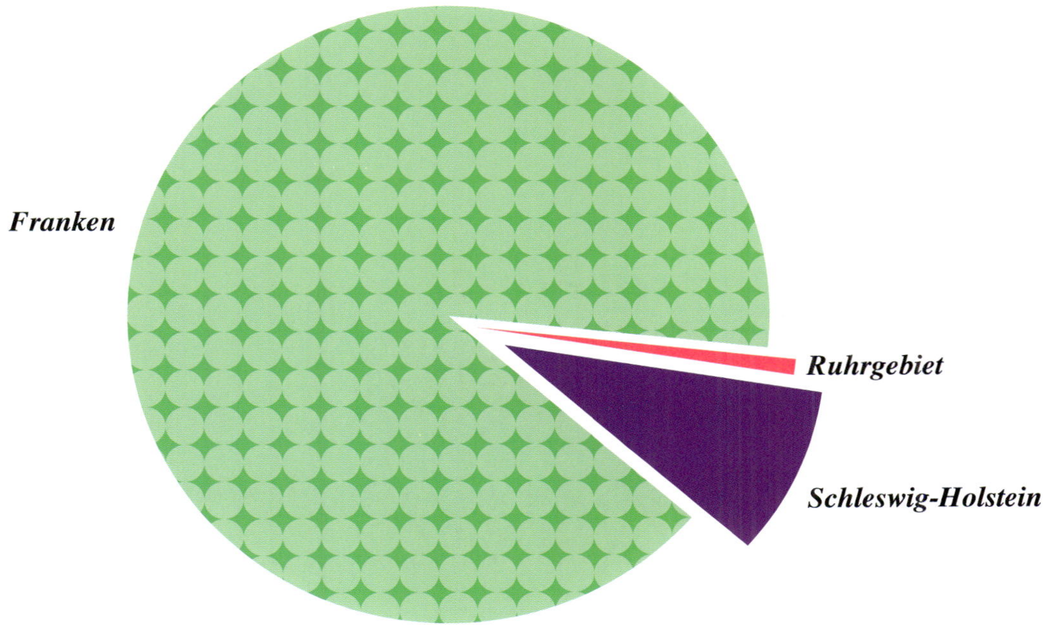

Tropisches Franken

Palm Beach in Stein
Nürnberger Stadtstrand
Palmenhaus in Bad Kissingen
Gewächshäuser im Botanischen Garten Erlangen

Fränkisches Bäderparadies

Bad Alexandersbad
Bad Berneck
Bad Bocklet
Bad Brückenau
Bad Kissingen
Bad Königshofen

Bad Neuhaus
Bad Neustadt a.d. Saale
Bad Rodach
Bad Staffelstein
Bad Steben
Bad Windsheim

Top Twenty fränkischer Ortsnamen

Bärenthal
Boxdorf
Christenmühle
Dixenhausen
Gierersmühle
Gemein
Gnadental
Gumpelshofen
Hornschuchshausen
Kleinziegenfels
Kotzmannsreuth
Lixhof
Milz
Pulvermühle
Solar
Teufelsgraben
Tückelhausen
Urphar
Weibersbrunn
Wustviel

Fränkische Orte für ein erstes Date

Amorbach
Amorsbrunn
Burggaillenreuth
Ehe
Fickmühle
Frauenwald

Freudeneck
Freudental
Gaildorf
Liebesdorf
Lustbronn
Lustmühle

Trieb
Wichsenstein
Zänkersmühle

Schmerzskala

a weng weh
bis arch weh

Kosenamen

Schneggla

Waggerla

Schaddzi

Scheißala

Transferleistungen zwischen Franken und Bayern

Bayern → Franken **WASSER**

Franken → Bayern **INNOVATION**

Unterfranken versus Oberbayern

Unterfranken	Bescheidenheit	95 %
Oberbayern	Großspurigkeit	95 %

Die drei wichtigsten

Es gibt kein »t«, »p« und kein »k«.

Franggn is dodal subber!

Relativsätze werden grundsätzlich mit der Formel »die, wo« eingeleitet.

Grammatikregeln

Der Genitiv ist verboten.
Stattdessen heißt es:

Dem Nachbar sei Dochder ihr Hund sei Halsband is schee.*

* Das Halsband des Hundes der Tochter des Nachbarn ist schön.

Das Tolle am Franken-Tatort

Til Schweiger ist nicht der Kommissar.

Er spielt nicht in München.

Eine Wirtschaftsförderung für benachteiligte Regionen.

Matthias Egersdörfer ist Gerichtsmediziner.

Sendeanteil fränkischer Themen in Sendungen des Bayerischen Rundfunks

15%

Fränkische Drehorte in Filmen des Bayerischen Rundfunks

1,5%

Wovon Franken träumen

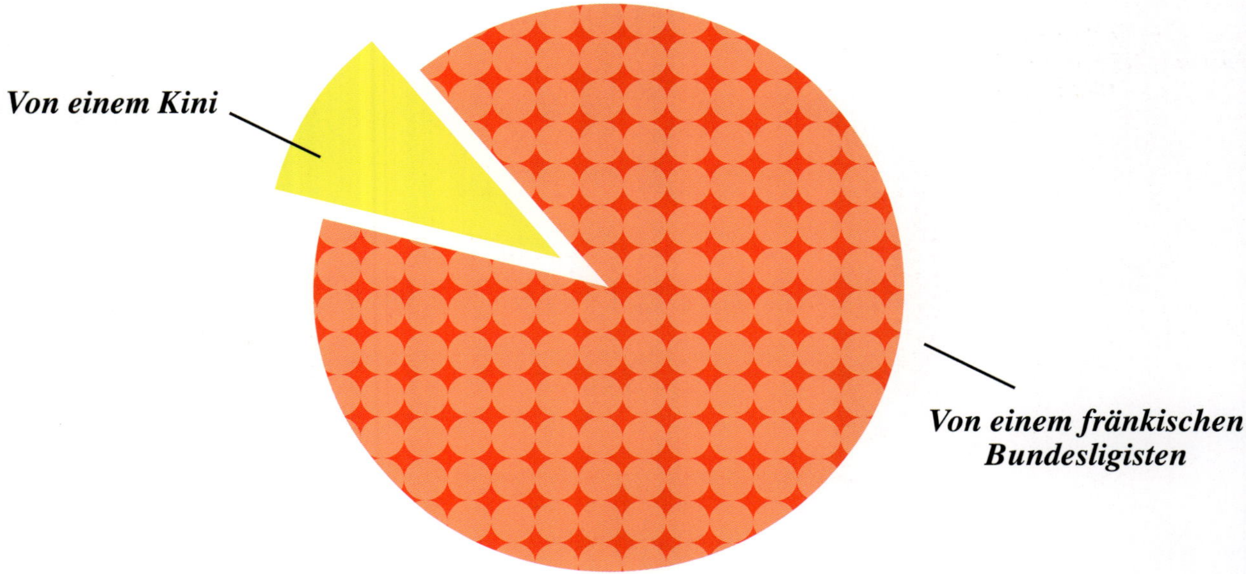

Franken und Strom

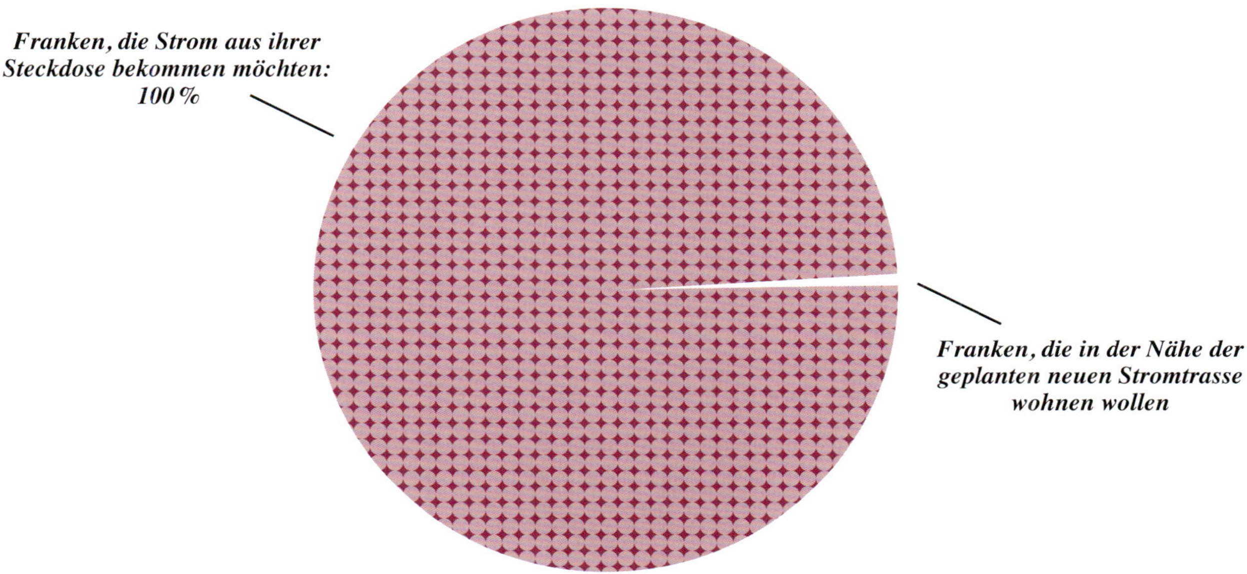

Beliebtester deutscher Weihnachtsmarkt

Fußballspieler im Länderspiel am 21.4.1924 in Amsterdam gegen Holland (1:0)

11 Spieler aus Franken

6 x Fürth: Müller, Hagen, Auer, Franz, Seiderer, Ascherl

5 x Nürnberg: Stuhlfauth, Kugler, Kalb, Schmidt, Träg

0 x Bayern München

Fränkischer Burger

Drei im Weggla

Fränkische
Crossover-Küche

Bratwurst-Roll *(Sushi Glas)*

Risotto mit Sauerkraut *(Wonka)*

Petersilien-Eis *(Essigbrätlein)*

Fränkische Philosophen I

Lothar Matthäus:
»Wir dürfen jetzt nur nicht den Sand in den Kopf stecken.«

Thomas Gottschalk:
»Das ist bei mir krankhaft missionarisch: Wenn ich drei Miesepeter sehe, sage ich mir: Euch mische ich auf!«

Günther Beckstein:
»Ich habe mir felsenfest vorgenommen, Stoiber nicht zu kopieren. Bewusste Kurskorrekturen sehe ich nur in Nuancen. Ich werde also auch nicht den ›Non-Stoiber‹ machen.«

Fränkische Philosophen II

Markus Söder:
»Wenn jemand an deinem Seil hängt und dabei ist, dich mit in den Abgrund zu reißen, musst du das Seil kappen.«

Frank-Markus-Barwasser (Erwin Pelzig):
»Image ist das, was man braucht, damit die anderen denken, dass man so ist, wie man gerne wär'.«

Karl-Theodor zu Guttenberg:
»Es ist wichtig, bescheiden zu bleiben, Bodenhaftung zu bewahren und die Arbeit zu machen, zu der man berufen wird.«

Wofür Nürnberg im Ausland bekannt ist

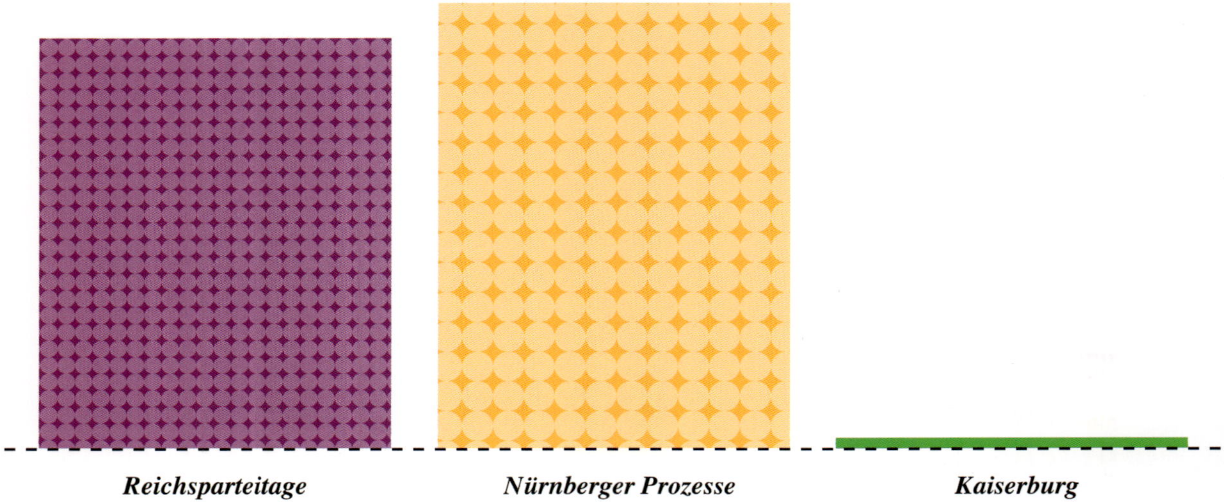

Wofür Franken bekannt ist

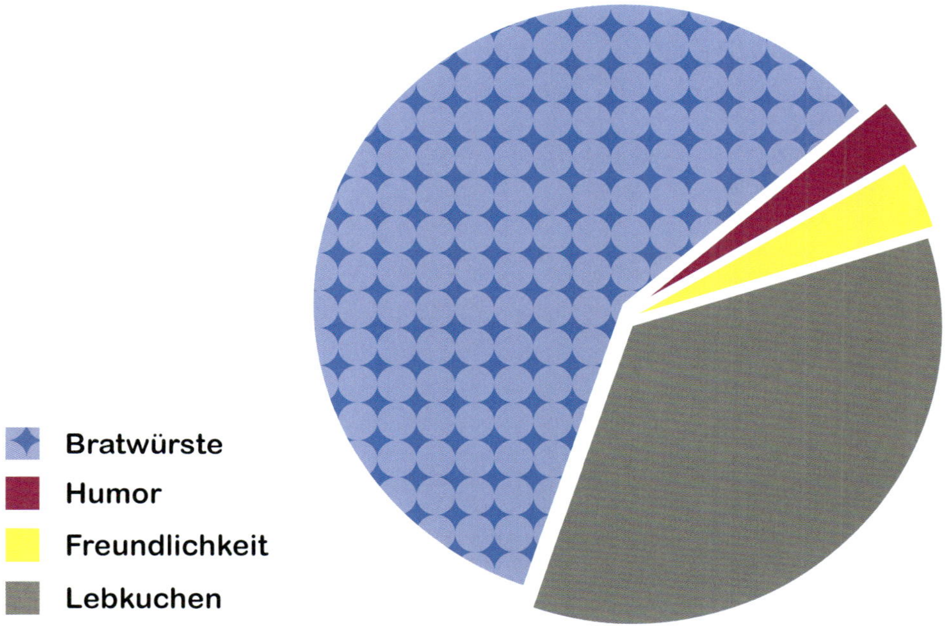

Größte Stauaufkommen

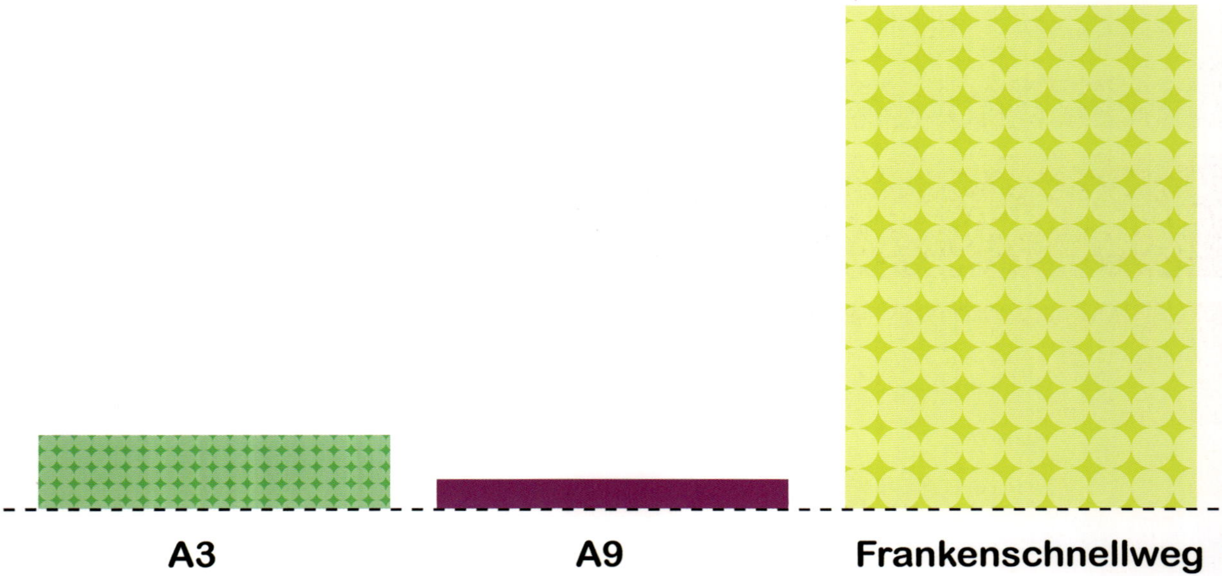

Warum ein Franke auf der A9 von Nürnberg nach München fährt

weil er nach Italien in den Urlaub will	90 %
weil er nach Österreich zum Skifahren will	9 %
weil er die bayerische Landeshauptstadt besichtigen will	0,9 %
weil er einmal einen Verein in der Fußballbundesliga gewinnen sehen will	0,1 %

Franken außerhalb Frankens

Frankenberg in Hessen
Frankenstein in der Pfalz
Frankenthal in der Pfalz
Frankenheim in Sachsen
Frankendorf in Thüringen
Frankenburg in Niedersachsen
Frankenfels in Sankt-Pölten

Touristische »Autobahnen«

Romantische Straße

Goldene Straße

Burgenstraße

Fränkische Bierstraße

Porzellanstraße

Untergegangene oder verblasste fränkische Firmen

Grundig

Zündapp

Quelle

Hercules

Triumph-Adler

Flagship-Stores in Franken

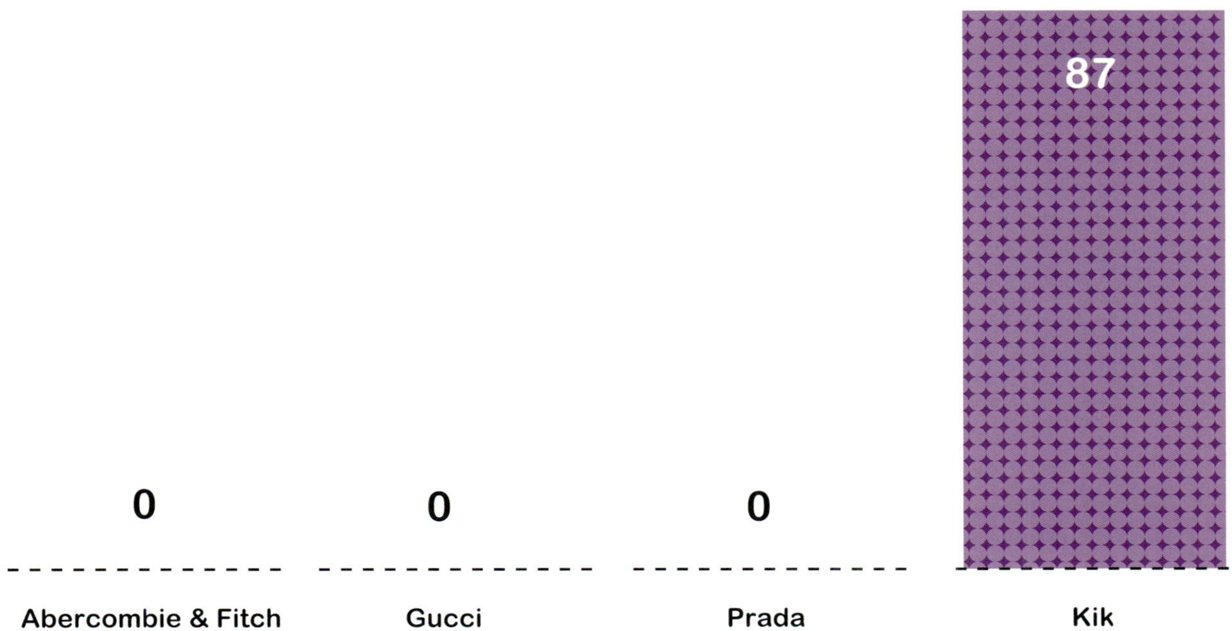

Bevölkerung

Bevölkerung Franken:
5.000.000
Weltbevölkerung
7.300.000.000
Bevölkerung Franken inkl. Playmobil-Männchen
28.005.000.000

Frauenanteil in Franken

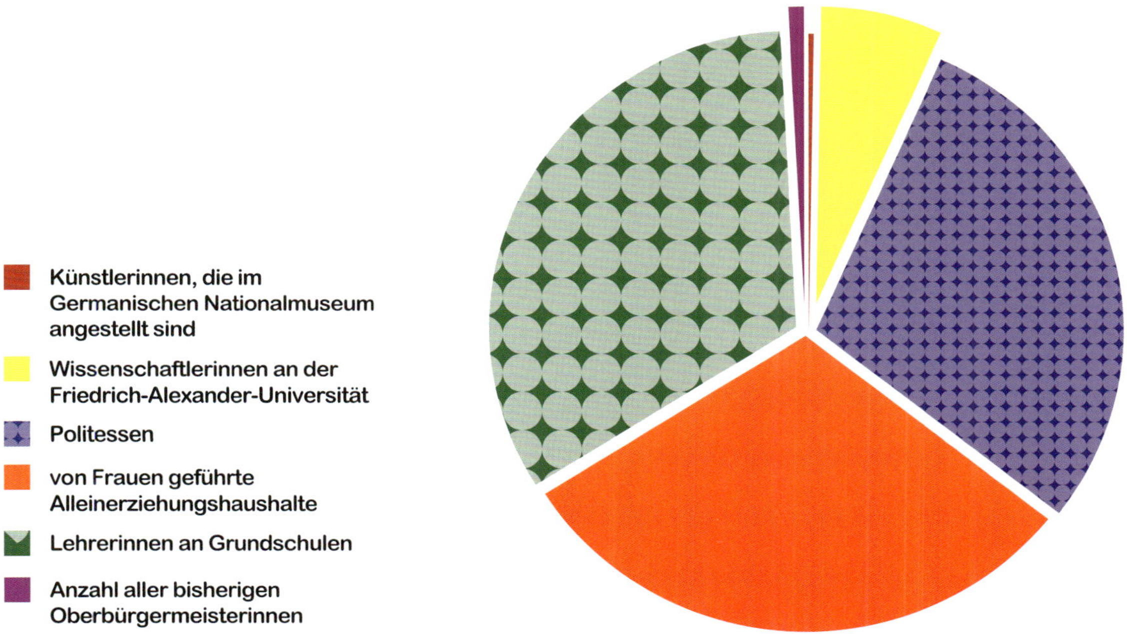

Symbolhafte Schafkopfbegriffe

Brunzkaddler

Bumbl-Sau

Die Alld

Dreeg

Die Schmier

Orientalisches Franken

Hammer ned

Sabberlodd

Fei scho

Hau di nei

Wie hammer denn gschbild

Bekanntheitsgrad fränkischer Schriftsteller

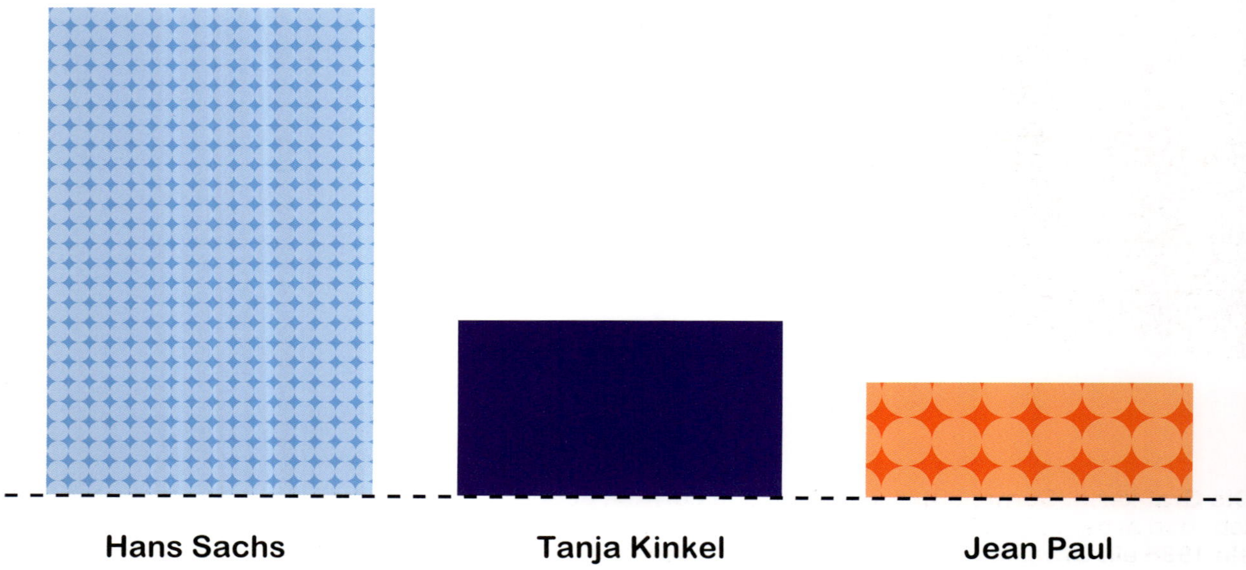

Der Ideengeber:
Ralf Nestmeyer ist Historiker und Reisejournalist sowie Autor von mehreren Reiseführern über Nürnberg, Franken und andere europäische Regionen.
Zudem verfasste er Sachbücher wie »Hotelwelten«.
Für den Emons Verlag hat er die 111-Orte-Bände zur Provence, Côte d'Azur und Normandie sowie den Provence-Krimi »Roter Lavendel« geschrieben.

Die Grafikerin: Carmen Strzelecki, 1973 in Lörrach geboren und in Mannheim aufgewachsen, lebt und arbeitet in Köln. Nach dem abgebrochenen Soziologie- und Philosophie-Studium, hat sie 1996 ein Grafikstudio gegründet und dieses 2010 um einen Kunstbuchverlag erweitert.

Bibliografische Information der Deutschen Nationalbibliothek
Die Deutsche Nationalbibliothek verzeichnet diese Publikation in der Deutschen Nationalbibliografie;
detaillierte bibliografische Daten sind im Internet über http://dnb.d-nb.de abrufbar.

Infografiken, Satz und Gestaltung: Studio Carmen Strzelecki, Köln
Druck und Bindung: B.O.S.S Medien GmbH, Goch
ISBN 978-3-95451-905-7
Unser Newsletter informiert Sie regelmäßig über Neues von emons:
Kostenlos bestellen unter www.emons-verlag.de